Como piensa el ser humano, así es su vida

JAMES ALLEN

TALLER DEL ÉXITO

COMO PIENSA EL SER HUMANO, ASÍ ES SU VIDA

Título en inglés: As A Man Thinketh
Traducción: Taller del Éxito Inc.

Publicado por:

Taller del Éxito, Inc.
1669 N.W. 144 Terrace, Suite 210
Sunrise, Florida 33323
Estados Unidos

Editorial dedicada a la difusión de libros y audiolibros de desarrollo personal, crecimiento personal, liderazgo y motivación.

Diseño de portada y diagramación: Diego Cruz
Primera edición publicada por Taller del Éxito 2006

ISBN 10: 1-931059-98-5
ISBN 13: 978-1-93105-998-5

Printed in Colombia
Impreso en Colombia por D'vinni S.A.

11   12   13   14   15   R|CD   11   10   09   08   07

ÍNDICE

El ser humano es literalmente lo que piensa. Su carácter es la suma de todos sus pensamientos. Así como toda planta brota de su semilla, y no podría ser de otra manera, nuestras acciones brotan de las semillas invisibles de nuestros pensamientos. Así forjamos nuestro destino en virtud de los pensamientos que escogemos y guardamos en nuestra mente.

PRÓLOGO

Como piensa el ser humano, así es su vida, es sin duda el libro más conocido de James Allen, uno de los autores de autoayuda más leídos y citados de todos los tiempos. Para él, todos somos responsables de nuestros pensamientos, los cuales son las semillas de lo que ocurrirá en nuestra vida.

Esta obra, que ha sido traducida a un gran número de idiomas, es responsable, por lo menos en parte, de la creación de toda la industria del desarrollo personal. La gran mayoría de los autores contemporáneos de autoayuda y desarrollo personal y profesional, dan crédito a esta maravillosa obra por proveerles los fundamentos de sus principios; autores como Norman Vincent Peale, Brian Tracy, Camilo Cruz, Denis Waitley, Tony Robbins, Stephen Covey y Mark Victor Hansen, entre otros.

Og Mandino consideraba que esta obra se encontraba entre los diez mejores libros de desarrollo personal de todos los tiempos. Earl Nightingale, quien es considerado como uno de los pioneros del desarrollo personal, se refirió al principio contenido en la obra de Allen, como el más extraño de los secretos: el que todos y cada uno de nosotros somos producto de nuestros pensamientos.

Esta edición de Como piensa el ser humano, así es su vida es una traducción inédita del texto original de James Allen, *As a Man Thinketh*. En un esfuerzo por mantener la integridad del texto, hemos sido cuidadosos en seleccionar un vocabulario moderno y apropiado que represente fielmente las ideas y el mensaje que el autor deseaba transmitir a sus lectores.

En el texto original de Como piensa el ser humano, así es su vida, el autor presenta algunos ejemplos de personas cuyos logros fueron el resultado de sus pensamientos dominantes. Esto demuestra su interés porque el lector vea y aprecie el hecho de que sus postulados, más que simples disertaciones teóricas, son leyes naturales que pueden apreciarse en las vidas de los seres humanos.

De hecho, él mismo afirma que su objetivo es "estimular a hombres y mujeres al descubrimiento de que cada uno de ellos es forjador de sí mismo." Así que en este mismo espíritu –y para que el lector pueda apreciar a plenitud el resultado de los principios presentados por Allen en su obra— hemos incluido al final de cada capítulo una historia que ilustra el tema tratado en él. Dichas historias aparecen en un recuadro que las distingue del texto original y muestran como la vida y obra de muchos seres humanos a lo largo de toda la historia, no sólo han sido el producto de sus pensamientos, sino que terminaron por cambiar el curso de la humanidad.

Esperamos que esta obra estimule a cada lector a descubrir que todos somos arquitectos de nuestro propio destino; que todas nuestras metas personales, profesionales y de negocios son posibles si así lo creemos, y que, ciertamente, nos convertiremos en aquello en lo que pensemos constantemente.

—*El editor*

PREFACIO

Este pequeño volumen (resultado de la meditación y la experiencia) no pretende ser un tratado exhaustivo acerca del poder del pensamiento, del cual ya se ha escrito mucho. Busca ser sugestivo antes que explicativo, y pretende estimular a hombres y mujeres al descubrimiento y la comprensión de la siguiente verdad:

¡Ellos son forjadores de sí mismos!

Los seres humanos forjan su destino en virtud de los pensamientos que escogen y guardan en su mente. La mente es un telar donde se tejen, tanto las vestimentas internas de nuestro carácter como las externas de nuestras circunstancias. A pesar de que hasta ahora hayamos tejido ignorancia y sufrimiento, hoy tenemos la opción de tejer sabiduría y felicidad.

—*James Allen*

¡El ser humano es el amo y señor de sus pensamientos, forjador de su carácter, creador y modelador de sus condiciones y de su entorno, y arquitecto de su propio destino! Cada uno de nosotros cosecha los frutos, dulces o amargos, de aquello que nosotros mismos hemos sembrado.

Capítulo uno

El pensamiento y el carácter

L a idea de que como piensa el ser humano, así es su vida, no sólo abarca su ser, sino que llega a comprender cada condición y circunstancia de su vida. El ser humano es literalmente lo que piensa, siendo su carácter la suma de todos sus pensamientos.

Así como toda planta brota de su semilla, y no podría ser de otra manera, nuestras acciones brotan de las semillas invisibles de nuestros pensamientos, y no hubiesen existido sin ellos. Lo anterior es aplicable por igual a aquellos actos considerados "espontáneos" y "no premeditados" como a aquellos que se ejecutan deliberadamente.

Las acciones son retoños que han crecido a partir de nuestros pensamientos, y la dicha o el sufrimiento son sus frutos. De este modo los seres humanos cosechan los frutos, dulces o amargos, de aquello que ellos mismos han sembrado.

Los pensamientos que albergamos en nuestra mente forjan la persona en la cual nos convertiremos. Si albergas en tu mente pensamientos inferiores, el dolor te seguirá como sigue el arado al buey. Si en cambio tus pensamientos son elevados, te seguirá la dicha como tu propia sombra. Esto es un hecho.

El desarrollo del ser humano está gobernado por leyes, no por el azar o por la suerte. La Ley de causa y efecto es absoluta e inquebrantable, tanto en el mundo invisible e intangible de nuestros pensamientos, como en el mundo de los objetos visibles y materiales. Un carácter ético y noble nunca es el producto de la suerte o la coincidencia, sino el resultado natural de un esfuerzo constante por albergar pensamientos correctos en nuestra mente y asociarnos con ideas dignas y admirables. De igual manera, un carácter innoble y cruel es el resultado de pensamientos viles albergados continuamente.

Nosotros mismos nos encargamos de construirnos o destruirnos. Nuestros pensamientos pueden ser las herramientas con las que construimos mansiones de felicidad, fortaleza y paz, o las armas con las que terminamos destruyéndonos.

Al elegir y albergar en nuestra mente los pensamientos correctos, caminamos hacia ese estado de perfección, y nos convertimos en las personas de éxito que fuimos destinadas a ser. Al permitir que ingresen pensamientos equívocos y errados en nuestra mente, nos alejamos de un estado de perfección y nos ponemos a la par con otros seres inferiores. Entre estos dos extremos se encuentra una multitud de perfiles que cada uno de nosotros se ha encargado de moldear.

De todas las verdades que hemos podido descubrir o reencontrar, ninguna es más grandiosa y llena de esperanza que ésta:

¡El ser humano es el amo y señor de sus pensamientos, forjador de su carácter, creador y modelador de sus condiciones y de su entorno, y arquitecto de su propio destino!

El ser humano siempre es el amo y señor, aún en su estado de mayor debilidad y abandono, cuando ha decidido gobernar sus asuntos con necedad y poca atención. Sin embargo, cuando reflexiona acerca de su precaria condición, y comienza a buscar diligentemente la causa que lo llevó a ese estado, se transforma en el amo sabio que canaliza inteligentemente su energía, y crea pensamientos fructíferos. Cada uno de nosotros puede convertirse en ese amo sabio con sólo entender el gran poder de las leyes que gobiernan nuestra manera de pensar. Este entendimiento es el resultado de la aplicación, el autoanálisis y la experiencia.

El oro y los diamantes rara vez se encuentran en la superficie. Para hallarlos es necesario excavar y buscar con constancia. De la misma manera, cada uno de nosotros puede descubrir toda verdad asociada con su ser si excava con determinación en lo profundo de su ser y comprueba que es forjador de su carácter, modelador de su vida y constructor de su destino.

Aquel que vigila y controla sus pensamientos, que estudia cada efecto que dichos pensamientos tienen en sí mismo, en los demás, en su vida y circunstancias, enlazando causa y efecto y utilizando cada experiencia y hecho cotidiano, por trivial que parezca, para obtener un mayor conocimiento de sí mismo, será premiado con entendimiento, sabiduría y poder. En ese sentido, como en ningún otro, se aplica la ley absoluta que dice: "Aquel que busca, encontrará; aquel que toca la puerta, se le abrirá". Sólo con paciencia, práctica y osadía puede entrar el ser humano por la puerta del templo del conocimiento.

Muchas personas salen tras sus objetivos y metas con mucho entusiasmo. No obstante, en la medida en que enfrentan obstáculos o sufren caídas su entusiasmo decae. Aunque esta es una respuesta normal, lo cierto es que lo que separa a los triunfadores de los perdedores es que los segundos renuncian pronto a sus propósitos, mientras que los primeros se mantienen firmes a sus compromisos, aun frente a las más difíciles circunstancias.

Ellos se mantienen fieles a sus propósitos y orientan sus pensamientos de manera que éstos sean fuente de motivación y no de desánimo. En lugar de permitir que los obstáculos, dificultades y limitaciones sean impedimentos para lograr sus objetivos, ellos parecen utilizarlos para fortalecer su resolución de lograr dichos objetivos.

La historia de la humanidad ha sido testigo de muchos de estos casos de personas que se rehusaron a sucumbir ante sus aparentes desventajas. Demóstenes, el gran orador de la antigua Grecia, tenía un severo tartamudeo. La primera vez que intentó dar un discurso en público, la gente se burló tanto de él, que humillado, tuvo que dejar aquel auditorio.

El emperador Julio César era epiléptico. Napoleón era de procedencia muy humilde y estaba lejos de haber nacido el genio militar que todos creen. Es más, en su clase en la academia militar a la cual asistió, se graduó en el puesto 46 entre 65 aspirantes.

Cuando Ludwig Van Beethoven comenzó a quedarse sordo, sus primeros pensamientos y reacciones fueron de desesperanza y resignación, llegando inclusive a considerar el suicidio. Pero rehusó darse por vencido y decidió declararle la guerra al pesimismo. Empezó a cambiar su manera de pensar y decidió que sería el forjador de su futuro, sin importar los obstáculos y las adversidades que pudiera encontrar. El resultado de esta decisión fue la composición de sus mejores obras, incluidas sus famosas Quinta y Novena sinfonías.

Homero era ciego y Platón jorobado. Sin embargo, todos ellos triunfaron e hicieron grandes contribuciones a la humanidad porque tuvieron el carácter para sobreponerse a sus limitaciones. Sus pensamientos no giraban en torno a sus carencias y limitaciones sino en torno a sus fortalezas.

Como bien lo dice James Allen, todos llevamos en nuestra mente una idea de quienes creemos ser. Sin embargo, los problemas y las circunstancias difíciles se encargan de revelarnos y mostrarnos nuestro verdadero yo. Es ahí cuando descubrimos quienes somos realmente.

Quizás hayas escuchado alguna vez una de las hermosas composiciones de Jorge Federico Handel, uno de los grandes compositores de todos los tiempos. Cuando conozcas el resto de la historia, te será imposible escuchar su música sin pensar en ella.

A pesar de no recibir ningún apoyo por parte de sus padres, Handel fue un prodigio musical. A los doce años de edad ya era asistente de organista en la catedral de su ciudad natal. Antes de cumplir veintiún años de edad ya había compuesto dos óperas y a los cuarenta años era mundialmente famoso.

Fue entonces cuando las circunstancias comenzaron a cambiar. En varias ocasiones estuvo al borde de la bancarrota, y como si eso no fuera suficiente, sufrió un derrame cerebral que dejó su brazo derecho paralizado y le causó la pérdida del uso de cuatro dedos en su mano. A pesar de que logró recuperarse físicamente, estaba tan deprimido y consumido por las deudas que simplemente se dio por vencido. Dejó de componer y se dispuso a enfrentar un futuro miserable y nada prometedor.

No obstante, en el punto más bajo de su vida, le dieron la oportunidad de escribir la música para un nuevo libreto basado en la vida de Jesucristo. Handel pudo haberse negado con un simple: "Estoy terminado" o "es demasiado tarde". Él pudo haber ofrecido cualquiera de los muchos pretextos que estaban a su alcance para justificar el no hacer nada.

No obstante, tomó la decisión de no permitir que las circunstancias adversas continuaran dirigiendo su vida. Decidió cambiar su manera de pensar, deshaciéndose de todos aquellos pensamientos que le habían mantenido atado a una vida de mediocridad y con renovado entusiasmo comenzó a escribir nuevamente. Un mes más tarde había terminado un manuscrito de doscientas sesenta páginas. Lo llamó: El Mesías.

Al igual que un jardinero cultiva su huerto manteniéndolo libre de maleza, plantando los frutos que desea, así debe también el ser humano atender el jardín de su mente, limpiándolo de pensamientos dañinos e inútiles, y cultivando los frutos de pensamientos correctos.

Capítulo dos

El efecto del pensamiento en las circunstancias

L a mente es como un jardín que puede ser inteligentemente cultivado o abandonarse y llenarse de hierbas y maleza. Sin embargo, ya sea que esté cultivado o descuidado, está destinado a producir algo. Si no se siembran semillas útiles, entonces caerán, crecerán y se reproducirán en abundancia semillas de maleza.

Al igual que un jardinero cultiva su parcela manteniéndola libre de maleza, cultivando las flores y frutos que desea, así debe también el ser humano atender el jardín de su mente, limpiándola de pensamientos dañinos, inútiles e impuros, y cultivando los frutos de pensamientos correctos, útiles y puros.

Siguiendo este proceso, tarde o temprano descubrimos que somos los jardineros de nuestro espíritu. Creamos conciencia de las faltas en nuestra manera de pensar. Captamos cada vez con mayor precisión, cómo los pensamientos que nuestra mente engendra se encargan de moldear nuestro carácter, nuestras circunstancias y nuestro destino.

El pensamiento y el carácter son uno solo, ya que este último es la sumatoria de nuestros pensamientos dominantes. Puesto que el carácter de una persona se revela y manifiesta en sus circunstancias, es posible afirmar que el entorno de cada persona siempre estará en armonía con su estado interior. Esto no significa que las circunstancias de una persona en un momento dado sean un indicador de la totalidad de su carácter, sino que algunas de ellas están íntimamente conectadas con algún elemento vital de su pensamiento, el cual ha sido el causante de dichas circunstancias.

Cada persona está donde está por decisión propia. Los pensamientos que han moldeado su carácter la han llevado allí. Nada de lo que ocurre en su vida es el resultado del azar o la coincidencia, sino la consecuencia de una ley que nunca falla: la Ley de la causa y el efecto. Esto es válido tanto para aquellos que se sienten decepcionados con el mundo que los rodea como para quienes están satisfechos con él.

En el proceso del desarrollo humano, cada circunstancia que enfrentamos trae consigo una enseñanza y una lección que debemos aprender; una vez que la hemos aprendido, ésta termina y da lugar a otras circunstancias.

La persona que piensa que su vida es el resultado de condiciones externas suele ser víctima de ellas. No obstante, cuando crea conciencia del poder creativo que reside dentro de ella, y entiende que es allí donde se encuentran tanto las semillas, como la tierra que da fruto a tales circunstancias, sólo entonces se convierte en la dueña y señora de sus pensamientos.

La persona que por algún tiempo ha practicado el autocontrol sabe que las circunstancias nacen de los pensamientos; es consciente de que en la medida en que cambie su estado mental y su manera de pensar, cambian sus circunstancias. De igual manera, quien se dedica a corregir los defectos de su carácter con tenacidad, comienza a ver progreso rápido en su manera de pensar y actuar.

Siempre atraeremos aquello que ya se encuentra dentro de nosotros; tanto lo que amamos como lo que tememos. Inequívocamente, el ser humano siempre alcanza la cúspide de sus más preciadas aspiraciones, o cae al nivel de sus más indignos deseos. Las circunstancias son simplemente los medios mediante los cuales recibimos aquello que nos pertenece y que creemos merecer.

Cada semilla de pensamiento que sembramos y permitimos que eche raíces y crezca en nuestra mente, produce aquello que constituye su esencia, florece y, tarde o temprano, produce sus propios frutos de oportunidad y circunstancias.

Buenos pensamientos producen buenos frutos, malos pensamientos dan malos frutos.

El mundo de las circunstancias exteriores toma forma en el mundo interno de los pensamientos, y todas las condiciones externas, agradables y des-agradables, son factores que finalmente existen para que el ser humano aprenda, tanto de sus logros como de sus sufrimientos.

Siguiendo sus más profundos deseos, aspiracio-nes y pensamientos dominantes —ya sean visiones engañosas, viciadas por la imaginación, o caminos de elevadas aspiraciones— el ser humano finalmente recibe por completo los frutos de dichos pensa-mientos en la clase de vida que termina viviendo. La Ley de la causa y el efecto siempre prevalece en todas las áreas de su vida.

Un hombre no termina en la cárcel debido a la ti-ranía del destino o a la injusticia de las circunstancias, sino como resultado del camino y los deseos que ha elegido perseguir. Una persona de pensamientos nobles y puros no cae en el crimen de repente, a causa de las presiones o circunstancias externas que le puedan rodear. Lo cierto es que estos pensamientos criminales, seguramente han sido secretamente albergados en el corazón, y la ocasión propicia simplemente se ha encargado de revelarlos.

Las circunstancias no hacen a la persona;
ellas simplemente la revelan a sí misma.

No pueden existir condiciones que nos hagan descender en el vicio, a menos que existan inclinaciones viciosas previas; o ascender en la virtud y la felicidad sin haber cultivado continuamente aspiraciones virtuosas. Por lo tanto, como amos y señores de nuestros pensamientos, somos los arquitectos y constructores de nuestro propio destino.

Las personas no atraen hacia ellas aquello que quieren, sino aquello que son. Sus antojos, caprichos y ambiciones suelen ser pasajeros y pronto desaparecen, pero sus más íntimos pensamientos y deseos —buenos o malos— se alimentan de sí mismos. Nuestros pensamientos y nuestros actos son, o los carceleros que nos condenan a una vida de mediocridad, o los ángeles que nos liberan y nos empoderan.

Nunca obtendremos aquello que deseamos, ni pedimos, sino aquello que merecemos. Los deseos y plegarias sólo son gratificados y atendidos cuando armonizan con los pensamientos y las acciones.

A la luz de esta verdad, ¿cuál es entonces el significado de aquella frase que dice que estamos "luchando contra las circunstancias" Significa que absurdamente, el ser humano parece estar siempre luchando contra un efecto que no desea ver en su vida, mientras todo el tiempo está alimentando y preservando la causa que genera dicho efecto en su corazón.

Y esta causa puede ser un vicio consciente o una debilidad inconsciente; pero cualquiera que sea, retarda o anula nuestros esfuerzos y clama por una cura.

Desgraciadamente, muchas personas están ansiosas de mejorar sus circunstancias, pero no están dispuestas a mejorarse a sí mismas; por eso permanecen atadas al pasado del cual quieren escapar.

Quien entiende y reconoce su necesidad de crecer y mejorar siempre alcanzará los objetivos que su corazón le ha trazado. Esto es tan cierto en las cosas terrenales como en las divinas. Inclusive aquellos cuyo mayor propósito es la acumulación de riqueza deben estar preparados para realizar grandes sacrificios personales antes que puedan lograr su objetivo. ¿Cuánto más preparado deberá estar aquel que quiere lograr una vida próspera y equilibrada?

Ante el sufrimiento, la vanidad humana prefiere creer que éste es parte de vivir una vida virtuosa y abnegada. No obstante, hasta tanto no hayamos eliminado cada pensamiento dañino, amargo y perjudicial de nuestra mente, no sabremos con certeza si dichos sufrimientos son el resultado de nuestra buena, y no de nuestra mala conducta.

Inclusive, una vez que hayamos comenzado a transitar este camino, y mucho antes de tan siquiera acercarnos al estado de perfección que tan profundamente anhelamos, descubriremos en nuestra mente y en nuestra vida, la presencia de esa gran ley que es absolutamente justa, y que no retorna mal a quien hace el bien, ni premia con el bien a quien mal actúa.

Una vez que sabemos esto, entendemos que nuestra vida se desarrolla, y siempre se desarrolló, con justicia, y que toda experiencia pasada, buena o mala, ha sido siempre el resultado de este proceso de crecimiento.

Buenos pensamientos y acciones jamás pueden producir malos resultados; malos pensamientos y acciones no pueden jamás producir buenos resultados.

Esto no es otra cosa que afirmar que al sembrar trigo, lo único que podemos cosechar es trigo; si sembramos ortigas cosecharemos ortigas.

Es fácil entender esta ley en el mundo natural, pero muchas personas se rehúsan a entender que funciona de igual manera con nuestros pensamientos y actitudes; por esta razón, actuamos de manera inconsistente con ella. El sufrimiento siempre es el efecto de los pensamientos equivocados en alguna dirección. Es indicador de que el individuo está fuera de armonía consigo mismo, con la ley de su ser.

Al igual que el tratamiento de una herida o infección produce dolor y sufrimiento temporal antes de producir el alivio deseado, el único uso del sufrimiento es purificar y sanear todo aquello que es inútil e impuro. Sin embargo, una vez que se ha llegado a ese punto, el sufrimiento cesa. No hay sentido en quemar el oro después que la escoria se ha retirado, y un ser perfectamente puro e iluminado no puede sufrir.

Las circunstancias por las que los seres humanos sufren son el resultado de su propia falta de armonía en su manera de pensar, y aquellas que le traen paz y felicidad son el producto de una vida armónica. Este estado de felicidad y paz, y no las posesiones materiales, es la medida del pensamiento correcto; la infelicidad, no la falta de posesiones materiales, es la medida del pensamiento errado.

Un hombre puede ser desgraciado y ser rico en posesiones materiales, o puede tener pocas posesiones y gozar de una gran paz interior. La felicidad y la riqueza sólo se juntan cuando la riqueza se emplea correctamente y con sabiduría. El hombre pobre sólo desciende a la miseria cuando considera su destino como una carga injustamente impuesta.

Tanto la indigencia como el goce desenfrenado son dos extremos de la miseria. Ambas son igualmente antinaturales y vienen como resultado de un desorden mental. Una persona no está correctamente adaptada hasta que es un ser feliz, saludable y próspero. La felicidad, la salud y la prosperidad son el resultado de la armonía entre su mundo interno y externo; la armonía del ser humano con su entorno.

⁕ Un hombre sólo empieza a ser hombre cuando deja de lamentarse y maldecir, y comienza a buscar la justicia oculta que gobierna su vida. Cuando acepta esto, cesa de acusar a otros como la causa de su condición y se forja a sí mismo con pensamientos nobles y fuertes. Deja de irritarse contra las circunstancias, y empieza a utilizarlas como fuentes de apoyo para progresar más rápido, y como un medio para descubrir el poder y las posibilidades que ya se encuentran dentro de sí, como bien dice James Allen.

Es muy común escuchar a algunas personas que culpan al destino por todos sus problemas. Para ellos, el origen de todas sus dificultades ha sido la mala partida que les ha jugado la vida. Hay quienes han nacido en medio de la pobreza, y ésta, según ellos, ha sido la causa de su fracaso. Otros han caído víctimas de enfermedades que, supuestamente, truncaron sus aspiraciones y los sumieron en la miseria.

No obstante, ha habido personas que se rehusaron a dar excusas; personas que decidieron sobreponerse a sus circunstancias y ganar el juego, independientemente de la partida que les fue asignada. Helen Keller, escritora, activista social y modelo de tenacidad fue una de ellas.

En uno de los tantos libros que escribió a lo largo de su vida, Helen Keller decía: "la vida, o es una osada aventura, o no es nada".

Cuando contaba con menos de dos años de edad, Helen cayó víctima de una misteriosa fiebre escarlatina. La fiebre pasó, pero la niña no volvería a ver u oír por el resto de sus días. Por supuesto, su sordera impidió que desarrollara el habla.

Debido a que, aparentemente, nada podía hacerse por la pequeña, ella vivió casi totalmente incomunicada con el mundo exterior en su mundo de eterna oscuridad. Sin embargo, Helen decidió ir más allá de sus aparentes limitaciones físicas, y supo hacer, de lo que parecían las ruinas de una vida, algo tan hermoso que el mundo no puede sino maravillarse ante esta historia de auto superación y éxito.

Durante su niñez, su estado daba tanta tristeza, que uno de sus tíos le aconsejó a sus padres que la pusieran en una institución ya que "era obvio que la niña era retrasada mental y además daba pena mirarla". Y era que en 1887 la enseñanza de los ciegos estaba en sus comienzos y, tanto a ellos como a los sordos, todavía se les clasificaba oficialmente como idiotas, y no se creía que hubiera remedio para sus deficiencias. En uno de sus libros, Helen escribiría más tarde: "A los seis años era un fantasma, viviendo en un mundo de tinieblas sin deseos y sin intelecto, guiada solamente por simples instintos animales".

No obstante, cuando Helen contaba con sólo siete años, sus padres contrataron a Anne Sullivan, una joven profesora graduada del instituto para la educación de los ciegos, para que ayudara a Helen a lograr cierta independencia. Curiosamente, Anne, quien era huérfana, había nacido casi ciega.

Mientras Anne Sullivan trabajaba con abnegada devoción, firmeza y determinación en disciplinar a Helen, al tiempo que trataba de construir una amistad con ella, luchó en vano contra los obstáculos que le impedían a la pequeña captar cualquier imagen o sonido en su mente. Anne solía deletrear el nombre de un objeto en la palma de la mano de

Helen y luego le daba el objeto para que ella lo tocara y lo identificara.

Sin embargo, estos ejercicios no parecían estar surgiendo ningún efecto, hasta un día de abril cuando en un dramático momento, Helen finalmente entendió que todo lo que se encontraba a su alrededor tenía un nombre. En su autobiografía cuenta con emoción lo que comprendió aquella tarde: "Caminaba junto con Anne por el camino que conducía a un pozo de agua que se encontraba en el jardín. Alguien estaba sacando agua del pozo, y Anne puso mi mano bajo el chorro de agua mientras en la palma de la otra mano deletreaba la palabra A-G-U-A. De repente toda mi atención estaba en los movimientos de sus dedos en la palma de mi mano.

En aquel momento experimenté un sentimiento indescriptible. Fue como si hubiese encontrado algo ya olvidado. El misterio del lenguaje me fue revelado en aquel instante y entendí que las letras formaban nombres. Supe que la palabra A-G-U-A se refería a esa maravillosa sensación de aquello frío que caía sobre mi mano".

Helen comenzó a aprender alimentada por el entusiasmo que le produjo este descubrimiento. Cuatro meses más tarde ya dominaba 625 palabras. Comenzó a aprender Braile —el lenguaje de los ciegos— y a utilizar la máquina de escribir. Los obstáculos habían sido vencidos. Entusiasmados por la pasión de su hija por aprender y por sus obvios progresos, sus padres aprendieron el alfabeto manual y pronto pudieron comenzar a comunicarse con ella.

Poco a poco, con la ayuda de Anne Sullivan, Helen comenzó a crear un nuevo destino. Finalmente había comprendido que podía hacer todo lo que hacían las personas que tenían sus sentidos normales. Tomó clases de lenguaje oral y lectura de labios. Años más tarde Helen supo de otra niña ciega y sorda en Noruega que había logrado aprender a hablar, y desde ese momento esa se convirtió en su siguiente gran meta.

Con el tiempo, Helen asistió a la universidad. Anne se sentaba a su lado y le deletreaba en la mano las clases y lecciones. Contestaba los exámenes escribiendo las respuestas a máquina. Así alcanzó su meta. Pero no sólo aprendió a hablar inglés, sino que también aprendió francés y alemán. Estudió matemáticas, historia, literatura, astronomía y física. Ella logró descubrir que lo suyo no era una imposibilidad física sino una barrera sicológica, y estaba dispuesta a superarla. Todo esto constituye una historia de heroísmo impresionante.

Mientras luchaba en la universidad para obtener su grado en abierta competencia con los estudiantes normales, ideaba proyectos para la enseñanza de los niños ciegos y mudos. Después de graduarse en 1904, su primera preocupación fue cómo usar su preparación para el bien de los demás. Su triunfo sobre la ignorancia fue seguido por un triunfo aún mayor sobre la indiferencia pública por el bienestar de aquellas personas con impedimentos físicos. Helen Keller dedicó el resto de su vida a luchar por reformas sociales dirigidas a mejorar y cambiar radicalmente la educación de sordos, ciegos y mudos. Ella sabía que el mayor premio por alcanzar una meta era poder ayudar a otra persona a hacer lo mismo.

"Con cuánta pasión deseo que todos aquellos a quienes los afligen las mismas limitaciones que a mí, puedan recibir su herencia de pensamiento, sabiduría y amor", escribiría más tarde en uno de sus libros.

Con la determinación que la caracterizaba, decidió aprender a hablar en público. Una labor increíblemente difícil si se tiene en cuenta que el único método de poderlo hacer consistía en percibir por la mano las vibraciones y movimientos de la garganta y los labios de su maestra, y esforzarse en reproducirlos hasta conseguir la emisión correcta de los sonidos correspondientes. Helen cuenta de la terrible ocasión en que se atrevió a pronunciar su primer discurso en público, y cómo, a pesar de sus esfuerzos, éste fue un fracaso total. A pesar del golpe tan fuerte que significó hacerlo, ella siguió insistiendo, ensayó una y otra vez, hasta que lo logró.

Desde entonces, continuó dando conferencias en beneficio de los ciegos, tanto en América como en Europa. Esta mujer, en otro tiempo muda, cautivó al mundo con su entusiasmo y entrega y sobre todo con su pasión por la vida. Helen Keller tuvo que vencer dificultades de todo género: físicas, sentimentales, económicas. No obstante, su éxito fue el resultado de haber dirigido sus pensamientos hacia el logro de aquello que otros consideraban como imposibilidades.

*Una persona no puede escoger
directamente sus circunstancias, pero
puede escoger su manera de pensar,
y al hacerlo, indirectamente, crea sus
circunstancias. La naturaleza
se encarga de permitir que cada
persona experimente los resultados
de sus pensamientos dominantes*

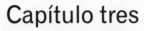

Capítulo tres

El ser humano, producto de sus pensamientos

L a ley, y no la confusión, es el principio dominante del universo. La justicia es el espíritu y sustancia de la vida, no la injusticia. La rectitud, y no la corrupción, es la fuerza moldeadora y motivadora que gobierna el espíritu del mundo. Lo único que el ser humano debe hacer para ver un mundo que funciona correctamente, es asegurarse que él actúa correctamente. Y en la medida en que trabaja en rectificarse a sí mismo, descubrirá que al cambiar su manera de pensar respecto a sus circunstancias y a las demás personas, las situaciones y la gente cambiarán respecto a él.

La prueba de esta verdad está en cada persona. Puede verificarse fácilmente mediante un proceso de evaluación introspectiva y autoanálisis. Cuando una persona cambia radicalmente su manera de pensar, pronto verá con asombro la rapidez con que cambian las circunstancias reinantes y las condiciones materiales de su vida.

El ser humano imagina que puede mantener en secreto sus pensamientos, lo cual es imposible, ya que éstos rápidamente se cristalizan en hábitos, y los hábitos se transforman en sus circunstancias. Pensamientos dañinos y perjudiciales de todo tipo se cristalizan en hábitos que producen confusión y debilidad; y éstos, a su vez, se manifiestan en circunstancias de calamidad e infortunio.

Pensamientos de temor, duda e indecisión se cristalizan en hábitos que paralizan e impiden actuar al ser humano; hábitos que conducen al fracaso, la escasez, y la dependencia. Pensamientos de pereza se cristalizan en hábitos de desaseo y deshonestidad, que se traducen en suciedad y miseria. Pensamientos de odio y condena se cristalizan en hábitos de acusación y violencia, los cuales se convierten en injuria y persecución. Pensamientos egoístas de todo tipo se cristalizan en hábitos ególatras, que se convierten en angustia y frustración.

Por otro lado, los pensamientos nobles de cualquier tipo se cristalizan en hábitos de prosperidad y bondad, y estos, a su vez, se convierten en felicidad y cordialidad. Pensamientos virtuosos se cristalizan en hábitos de autocontrol y dominio de sí mismo, que conducen a la paz y a la tranquilidad. Pensamientos de autoconfianza y decisión se cristalizan en hábitos de valor y coraje, que se traducen en éxito, plenitud y libertad.

Pensamientos llenos de energía se cristalizan en hábitos de esmero y laboriosidad, que conducen al bienestar y a la riqueza. Pensamientos nobles y caritativos se transforman en hábitos de generosidad, que se traducen en protección y preservación. Pensamientos de amor y compasión se cristalizan en hábitos de desprendimiento, que se convierten en prosperidad perdurable y riqueza verdadera.

En general, todo pensamiento, bueno o malo, que albergamos y permitimos que encuentre cabida en nuestra mente, produce el único resultado posible, tanto en el carácter que forma, como en las circunstancias que genera.

Una persona no puede escoger directamente sus circunstancias, pero puede escoger sus pensamientos, y al hacerlo, indirectamente, crea sus circunstancias.

La naturaleza se encarga de permitir que cada persona experimente los resultados de sus pensamientos dominantes, y se encarga de presentarle las oportunidades que hagan realidad de la manera más rápida posible tanto sus pensamientos constructivos como destructivos.

Cese un hombre de pensar inmoralmente, y el mundo se ablandará para él y estará listo para ayudarlo. Deje de lado sus pensamientos débiles y enfermizos y las oportunidades se le presentarán por doquier para ayudarlo a mantenerse firme a dicha resolución. Dese la oportunidad de albergar buenos pensamientos y no habrá nada que pueda traer miseria o vergüenza a su vida. El mundo es tu calidoscopio, y la variedad y combinación de colores que a cada momento te presenta son aquellas que tus pensamientos se han encargado de crear.

Se ha calculado que un pensamiento no equivale a más que a una décima de voltio de electricidad. Sin embargo, esta pequeña cantidad ejerce una gran influencia sobre nuestras emociones, nuestras acciones y, por tanto, en nuestro destino.

Un pensamiento puede condicionar nuestra mente de por vida. Una idea falsa acerca de lo que podemos o no hacer, puede detenernos para utilizar nuestro verdadero potencial inclusive mucho tiempo después de haber perdido su validez. De igual manera, un pensamiento liberador puede conducirnos al éxito, aún en medio de las peores circunstancias. Y es nuestra decisión elegir qué tipo de pensamiento decidimos procesar.

Recuerda que toda idea errada que mantengamos en nuestro subconsciente por largo tiempo y validemos con nuestras acciones, se convierte en una forma de autohipnosis. Esto es precisamente lo que detiene a muchas personas para triunfar. A través de esta forma de autohipnosis ellas han archivado en su mente toda una serie de falsas creencias e ideas que, quizás en algún momento fueron válidas pero ahora ya no lo son.

Como son ideas que permanecen en la mente, continúan actuando en forma limitante. Un ejemplo claro de este efecto podemos observarlo en uno de los primeros experimentos realizados en las ciencias del comportamiento.

Un grupo de ratas de laboratorio recibía descargas eléctricas cada vez que trataban de comer de un recipiente que se encontraba dentro de su jaula. Muy pronto, como era de esperarse, las ratas dejaron de acercarse al recipiente de la comida por temor a la descarga eléctrica.

Después de un tiempo, los científicos que llevaban a cabo el experimento realizaron dos cambios importantes. Primero, pusieron en la jaula una comida aún más apetecible que la primera y, segundo, desconectaron el circuito que enviaba la descarga eléctrica los animales.

¿Qué sucedió? Las ratas continuaron evitando la comida por temor a la descarga eléctrica. Debido al condicionamiento negativo del pasado, las ratas prefirieron no comer y eventualmente murieron de hambre antes de arriesgarse a acercarse a la comida y posiblemente recibir otra descarga eléctrica. ¿Te imaginas preferir enfrentar la muerte antes que enfrentar la posibilidad de un nuevo fracaso? Si tan solo hubiesen intentado una vez más, habrían podido comer hasta la saciedad sin ninguna consecuencia negativa; habrían recuperado la fuerza y la salud perdida y habrían retornado a una vida normal, pero ni siquiera lo intentaron.

Tan cruel como pueda parecer este experimento, aún más cruel es que muchas personas hoy viven esta misma realidad. Al igual que las desdichadas ratas de laboratorio, muchas personas permiten que las programaciones negativas del pasado, las caídas anteriores, las críticas o fracasos, las frenen para aspirar a algo mejor. Se programan ellas mismas, o permiten que lo hagan sus padres, profesores, familiares, amigos, o inclusive perfectos desconocidos, para creer que son personas comunes y ordinarias, y por eso hoy les resulta difícil creer que poseen el potencial necesario para triunfar.

Es como si los fracasos del pasado hubiesen cerrado para siempre las puertas de la oportunidad de éxitos futuros. Sin embargo, ten presente que el futuro no tiene que ser igual al pasado. Como bien escribe James Allen, todos podemos cambiar, aprender y crecer. Tristemente, cuando la mayoría de nosotros nos graduamos de la escuela secundaria ya hemos sido casi que totalmente programados para la mediocridad. Y lo peor de todo es que de ahí en adelante nos acompaña una tendencia casi inalterable a aceptar la mediocridad en todas las áreas de nuestra vida.

*Si deseas perfeccionar tu cuerpo,
sé cuidadoso con lo que pones en tu
mente. La salud y la enfermedad
tienen su raíz en nuestra manera de
pensar. Pensamientos enfermizos se
expresan a través de un cuerpo
enfermo. Pensamientos optimistas
producen en el cuerpo vigor y gracia.*

Capítulo cuatro

El efecto del pensamiento en la salud del cuerpo

El cuerpo es el siervo de la mente, obedece sus órdenes, sean éstas deliberadas o automáticas. Siguiendo pensamientos indebidos el cuerpo rápidamente se hunde en la enfermedad y el decaimiento; siguiendo pensamientos virtuosos, se viste de juventud y belleza.

La salud y la enfermedad, al igual que las circunstancias, tienen su raíz en los pensamientos. Pensamientos enfermizos se expresan a través de un cuerpo enfermo. Se dice que los pensamientos de temor matan a un hombre tan rápido como una bala, y continuamente matan miles de personas, quizás no con la misma rapidez, pero sí con igual efectividad. Curiosamente, la gente que vive con temor a las enfermedades es la que más rápido parece contraerlas. La ansiedad rápidamente debilita el cuerpo y lo deja expuesto a la enfermedad. En general, los pensamientos nocivos terminan por destruir el sistema nervioso.

De otro lado, pensamientos energéticos de pureza y optimismo producen en el cuerpo vigor y gracia. El cuerpo es un instrumento muy frágil y elástico, que responde rápidamente a los pensamientos que lo dominan. Tarde o temprano, éstos producirán sus efectos, así sean positivos o negativos. Mientras continuemos albergando pensamientos nocivos en nuestra mente, nuestro cuerpo, y la sangre que corre por nuestras venas no estará totalmente sana. De un corazón limpio y sano emana una vida y un cuerpo igualmente limpios y sanos. De una mente contaminada proceden una vida y un cuerpo enfermizos y contaminados. El pensamiento es la fuente de la vida, de toda acción y manifestación; construye una fuente que sea limpia y pura y todo a tu alrededor será igual.

El cambio de dieta, por ejemplo, no ayudará físicamente a aquella persona que se rehúse a cambiar su manera de pensar. No obstante, al modificar nuestros pensamientos, nuestra mente se encargará de ayudarnos a evitar las comidas nocivas y poco saludables.

Si deseas perfeccionar tu cuerpo, sé cuidadoso con lo que pones en tu mente. Si quieres renovar tu cuerpo, embellece tu mente. Pensamientos de malicia, envidia, decepción, desaliento, le arrebatan al cuerpo su gracia y salud. Una cara amarga no es cuestión de azar, sino de pensamientos amargos.

Conozco una mujer de noventa y seis años que posee la cara inocente y luminosa de una niña. También conozco un hombre que no alcanza la mediana edad cuya cara está desfigurada por el abatimiento y la angustia. Una es el resultado de una disposición dulce y vívida, la otra el resultado de la ansiedad y el resentimiento.

Así como no puedes tener una morada saludable y dulce si no dejas entrar libremente el aire y la luz del sol en las habitaciones, un cuerpo vibrante y feliz, y un rostro sereno sólo pueden ser el resultado de dejar entrar libremente en la mente pensamientos felices, buenos deseos y serenidad.

En la cara de los ancianos hay arrugas producidas por la paz y la amabilidad. Otras por la dureza y reciedumbre de su trabajo, y otras talladas por la discordia. Sin embargo, ¿quién no puede distinguir entre ellas? Para aquellos que han vivido correctamente, la edad trae calma y paz, como una puesta de sol. Recientemente he observado a un filósofo en su lecho de muerte. Era viejo sólo de años, pero murió tan dulce y calmadamente como vivió.

No hay mejor medicina para disipar los males del cuerpo que los pensamientos felices y armoniosos; no hay mejor reconfortante que la buena voluntad para disipar las sombras de la pena y la amargura.

Vivir continuamente con pensamientos malévolos y envidiosos, es confinarse en una prisión edificada por uno mismo. Pero pensar bien de todo, ser amable con todos, y aprender pacientemente a encontrar el lado bueno de las cosas, son pensamientos que abren las verdaderas puertas del cielo.

Vivir cada día albergando pensamientos de paz hacia toda criatura atraerá paz en abundancia a su poseedor.

Una y otra vez, James Allen enfatiza que tú eres quien eres y te encuentras donde estás física y mentalmente, como resultado de todos aquellos pensamientos que han encontrado cabida en tu mente. Los pensamientos que albergas en ella no sólo afectan tu estado de ánimo y tus acciones, sino que también provocan respuestas en tu cuerpo.

El dar cabida en tu subconsciente a pensamientos negativos y destructivos, produce fuerzas y sentimientos negativos dentro de ti, que suelen manifestarse en males y aflicciones en el cuerpo, como úlceras, males del corazón, hipertensión, artritis, males de la piel, problemas digestivos, migrañas, cáncer y otras enfermedades conocidas como aflicciones psicosomáticas. Muchos artículos y referencias en revistas y publicaciones médicas muestran cómo el estado emocional y mental de las personas contribuye en gran medida a estas enfermedades.

Se ha demostrado que los pensamientos hostiles y de enojo aceleran los latidos del corazón y suben la presión arterial, mientras que la ira, el resentimiento y la tristeza debilitan el sistema inmune del cuerpo. Millones de personas son causantes de muchos de los males que les aquejan por las ideas negativas que mantienen en su mente. Es indudable que las emociones negativas como la preocupación, la duda, el odio, la rabia y la venganza, intoxican el subconsciente.

Del mismo modo, los pensamientos positivos, como el entusiasmo, el amor, la amistad, la paz y la tranquilidad, producen un flujo de neurotransmisores y hormonas en el sistema nervioso central que estimula, provee energía al cuerpo y crea las circunstancias propicias para la conservación o restauración de una buena salud. Cada uno de nosotros en gran medida es responsable del nivel de salud que esté disfrutando.

¿Te has dado cuenta cómo aquellas personas que constantemente se quejan por todo, son las mismas que suelen enfermarse constantemente? Martín Seligman, profesor de la Universidad de Pennsylvania, asevera que el sistema inmunológico de la persona pesimista y negativa no responde tan bien como el de la persona optimista y positiva. Los pesimistas sufren de más infecciones y enfermedades crónicas.

En 1937, la Universidad de Harvard dio comienzo a un estudio con los estudiantes que se graduaron aquel año. Periódicamente estos individuos respondieron preguntas acerca de su estado físico y emocional. El estudio demostró que aquellas personas que a los 25 años de edad ya exhibían una actitud pesimista, habían sufrido en promedio un mayor número de enfermedades serias a la edad de los 40 y 50 años.

En otro estudio realizado con treinta personas que sufrían de cáncer del colon o de un tumor maligno, se les pidió a los pacientes que tomaran un curso de ocho semanas para ayudarles a relajarse y cambiar su actitud mental. La terapia consistía en visualizar enormes células anticancerígenas navegando a través del sistema sanguíneo, devorando las células enfermas o el tumor existente. El propósito era cambiar la actitud derrotista y las creencias negativas que muchos de ellos tenían. Los resultados fueron sorprendentes. Los pacientes que tomaron el curso mostraron un incremento en el número de las células que normalmente protegen el cuerpo contra el crecimiento de tumores malignos.

La actitud triunfadora y perseverante que caracteriza a las personas de éxito, no sólo te ayudará a alcanzar tus metas más ambiciosas sino que en muchas ocasiones puede ser la diferencia entre la vida y la muerte. Un grupo de investigadores del hospital King's College de Londres, realizó un estudio con 57 pacientes que sufrían de cáncer del seno y quienes habían recibido una Mastectomía. Siete de cada diez mujeres de aquellas que poseían lo que los doctores llamaban un "espíritu de lucha" diez años más tarde aún vivían vidas normales, mientras que cuatro de cada cinco de aquellas mujeres que en opinión de los doctores "habían perdido la esperanza y se habían resignado a lo peor" tiempo después de haber escuchado su diagnóstico, habían muerto.

Así que examina cuidadosamente la clase de información con la cual estás alimentando tu mente, y controla los pensamientos que permites que la ocupen, ya que estos afectan en gran medida tu salud física y mental.

*Quien no tiene un propósito central
en su vida cae presa fácil de
preocupaciones banales, temores,
problemas y autocompasión.
La duda y el miedo son los grandes
enemigos del conocimiento, y aquel que
no los destierra de su mente se
empequeñecerá con cada paso que dé.*

Capítulo cinco
Pensamientos y propósitos

H asta que el pensamiento no esté guiado por un propósito no habrá logro significativo alguno. La mayoría de las personas permite que sus pensamientos naveguen sin rumbo y a la deriva por el océano de la vida. Tal falta de propósito es un vicio que no debe ser permitido ni tolerado por aquel que quiera estar a salvo de la catástrofe y la autodestrucción.

Quien no tiene un propósito central en su vida cae presa fácil de preocupaciones banales, temores, problemas y autocompasión. Todos estos estados mentales nos conducen al fracaso y la infelicidad, tan seguro como si lo hubiésemos planeado deliberadamente –aunque el camino sea diferente–, porque la debilidad no puede perdurar en un universo de poder.

Debemos concebir un propósito legítimo en el corazón, hacerlo el centro de los pensamientos y luchar por alcanzarlo. Este objetivo puede ser un ideal, o una meta material, de acuerdo con nuestra naturaleza y circunstancias presentes. Sin embargo, cualquiera que sea el propósito, hay que enfocar firmemente todo el poder y la fuerza de los pensamientos hacia el logro de dicho objetivo. Debemos hacer de él nuestra principal tarea, evitando que los pensamientos que albergamos divaguen en caprichos, antojos y fantasías.

Este es el único camino hacia el autocontrol y el poder del pensamiento enfocado. Aún si se falla una y otra vez en alcanzar el propósito −como tiene que suceder hasta que se logre superar las debilidades−, la fuerza de carácter alcanzada será la verdadera medida del éxito, y formará un nuevo punto de partida para el logro de nuevas victorias y un mayor poder en el futuro.

Quienes no creen estar preparados para aceptar el reto de perseguir un propósito grandioso, deberán, sin embargo, fijar sus pensamientos en ejecutar sin faltas sus tareas y obligaciones, no importa cuan insignificantes puedan parecer. Sólo de esta manera los pensamientos pueden concentrarse y enfocarse, y la energía y la resolución desarrollarse. Una vez que se haya llegado a este punto, será posible ver que no hay nada que no se pueda lograr.

El alma más débil, conocedora de este principio, y creyendo esta verdad –que el poder sólo puede ser desarrollado con esfuerzo y práctica– podrá empezar a aplicarla en sí misma. Así que añadiendo esfuerzo al esfuerzo, paciencia a la paciencia, y fuerza a la fuerza nunca dejará de crecer, y al final se desarrollará con fuerza extraordinaria.

Así como la persona físicamente débil puede fortalecer su cuerpo mediante el entrenamiento y el ejercicio cuidadoso y consistente, la persona de pensamientos débiles puede fortalecer sus pensamientos ejercitándose a sí misma en el pensar correcto.

Eliminar la falta de intención y la debilidad, y empezar a pensar con propósito, es ascender al rango de aquellos que han aprendido a reconocer las caídas y los fracasos como los eslabones de la escalera que conducirá al éxito; aquellos que hacen que las circunstancias les sirvan, que piensan con fortaleza, se lanzan con firmeza, y vencen con maestría.

Una vez concebido su propósito, el ser humano debe marcar mentalmente una línea recta que lo lleve a su objetivo, sin mirar a la derecha ni a la izquierda. La duda y los temores deben excluirse rigurosamente, ya que son elementos que desintegran y rompen la línea recta del esfuerzo, y la desvían convirtiéndola en un camino inútil e ineficaz. Los pensamientos de duda y temor nunca han sido responsables por el logro de alguna meta, y nunca lo serán. Siempre conducen al fracaso.

El propósito, la voluntad, y los demás pensamientos positivos cesan de existir cuando permitimos que la duda y el temor encuentren cabida en nuestra mente.

La decisión y el propósito emanan de saber que somos capaces –que podemos hacer–. La duda y el miedo son los grandes enemigos del conocimiento, y aquel que no los destierra de su mente se empequeñecerá con cada paso que dé. Quien haya conquistado la duda y el miedo ha conquistado al fracaso. Cada uno de sus pensamientos está aliado al poder y, por ende, todas las dificultades que enfrenta son superadas con valor y sabiduría. Sus propósitos son sembrados oportunamente, florecen y producen frutos que no caen prematuramente del árbol, sino que llegan a un estado de total madurez.

El pensamiento aliado fuertemente al propósito se convierte en una gran fuerza creativa. Quien comprenda esto está listo para transformarse en un ser superior y más fuerte, y dejará de ser un simple puñado de pensamientos y sensaciones vacilantes. Se habrá convertido en el amo consciente y dueño inteligente de sus poderes mentales.

Es indudable que las ideas presentadas por James Allen en lo concerniente al desarrollo de un propósito firme son la esencia del liderazgo. La característica más importante del líder es la claridad en cuanto a su misión personal, su propósito de vida, y los sueños y objetivos que desea alcanzar.

Los líderes saben hacia donde van. Mientras que la gran mayoría de las personas sólo posee una idea vaga e imprecisa de las metas que desean alcanzar, los líderes han entendido que las metas borrosas producen resultados borrosos. Ellos saben que mientras no tengamos claridad en cuanto a nuestra misión personal y propósito de vida, corremos el riesgo de malgastar nuestro tiempo en el logro de metas huecas y objetivos que, no sólo no producen ninguna satisfacción, sino que no nos permiten crecer y desarrollarnos como seres humanos.

Observa a cualquier líder, independientemente de que su campo de acción hayan sido
los negocios, las artes, las ciencias o cualquier otra área de interés humano. Examina
con detenimiento las metas y logros que ha
podido alcanzar. Presta especial atención a
todas aquellas cualidades que hacen de él o
de ella un líder, y en el fondo descubrirás a un
ser humano comprometido con un propósito
de vida claro y una serie de metas y objetivos
acordes con dicho propósito.

Después de observar y estudiar la vida y logros de algunos de los más influyentes líderes
de todos los tiempos, es fácil ver que el tener
claridad en cuanto a su misión y propósito de
vida es lo que les ha provisto el entusiasmo,
la visión, la disciplina y la perseverancia para
lograr lo que otros veían como sueños imposi-
bles. De igual manera, esta claridad les permite
ser más efectivos, tener una mayor capacidad
para influir de manera positiva sobre los demás y ser más productivos en el desarrollo de
sus actividades.

Nuestra misión de vida es el eje central que
guía nuestras decisiones, nos ayuda a sentar
metas y nos sirve para asignar prioridades.

Sin tener claridad al respecto, no existe unidad en las metas, no hay enfoque en las acciones y es posible trabajar arduamente durante muchos años, sólo para descubrir que lo que hemos logrado no nos ha traído la satisfacción personal que buscábamos. Es más, en ciertos casos descubrimos con tristeza que nuestro trabajo nos ha alejado de lo que verdaderamente deseábamos y nos ha llevado en dirección opuesta a aquello que verdaderamente anhelábamos.

Así que toma hoy un momento para asegurarte que los pasos que estás dando te conducen al lugar a donde deseas llegar. Por precisas que sean tus metas y puntuales los objetivos que persigues, si estos no están guiados por un propósito de vida claro, los resultados que obtengas siempre serán impredecibles.

La historia del empresario sueco Alfredo Nóbel es un gran ejemplo de esto. Ella ilustra la importancia de examinar periódicamente si el sitio hacia donde estamos caminando es el lugar al cual deseamos llegar. No es suficiente contar con metas claras. Como Nóbel lo descubriera, es posible alcanzar diferentes metas a lo largo de nuestra vida, sólo para hallar más tarde, que éstas no responden verdaderamente a nuestros deseos y aspiraciones.

En su testamento, Nóbel –quien murió en 1896– dejó definido, por lo menos en parte, su propósito de vida con estas palabras: "mi deseo es fomentar la paz y combatir la guerra". En él, Nóbel dispuso que las rentas de su fortuna fueran distribuidas anualmente en cinco premios que habrían de adjudicarse a aquellas personas que hubiesen efectuado aportes valiosos en los campos de las ciencias químicas y físicas, la medicina, la economía y la literatura, y que hubiesen trabajado en pos de la paz y la concordia entre los pueblos.

Alfredo Nóbel era químico, y había trabajado durante casi toda su vida en el perfeccionamiento práctico de explosivos para usos pacíficos. Este trabajo había culminado con la invención de la dinamita, lo cual resultaba paradójico en un hombre tan sensible, humano y amante de la paz, como él solía autocalificarse. Sin embargo, los explosivos que Nóbel descubriera y fabricara, poco a poco fueron adoptados en el campo bélico, a tal punto que la prensa le acusó de traficar con la guerra.

Sin embargo, un hecho muy curioso habría de ocurrir en la vida de este hombre que le obligaría a examinar si sus acciones iban de acuerdo con su misión y, mas aún, le exigiría tomar serias decisiones sobre su futuro.

Sucedió que uno de sus hermanos murió durante una explosión en una de sus fábricas. Pero, al parecer, los periódicos cometieron el error de creer que quien había muerto era Alfredo. Así que Nóbel tuvo la macabra oportunidad de leer lo que la prensa había publicado acerca de él, su vida y su legado.

Como era de esperarse, el periódico se concentró en los usos bélicos de la dinamita, en la destrucción y en las muertes que ella ocasionaba. Alfredo Nóbel quedó hundido en una profunda tristeza al ver la manera como sería recordado después de su muerte. Tras reflexionar largamente acerca de cómo sus logros, celebrados por algunos y criticados por otros, habían terminado por llevarle en dirección opuesta a su verdadero propósito de vida, decidió trabajar para borrar esta imagen de traficante de guerra por una de promotor de paz.

Esta oportunidad de rediseñar su vida le llevó a concebir la idea de un "premio pro-paz", e incluso, a concebir la idea de imprimir un periódico que fuese portavoz del pacifismo universal.

Es así como, aún hoy, la concesión del premio Nóbel es concebida como el máximo galardón al cual pueda aspirarse. El recuerdo que hoy evoca el nombre de Nóbel y su premio Nóbel de la Paz, fue el resultado de él haber tomado el tiempo para redescubrir su misión de vida. Debido a esto, hoy perdura y perdurará a través de los años la obra de amor y paz y la verdadera misión de vida, de quien patentara el más potente explosivo de su época.

*Antes que una persona pueda lograr
cualquier meta, debe elevar su manera
de pensar por encima de aquellos
pensamientos que la mantienen
enfocada en su supervivencia y sus
necesidades más básicas.
Mientras más elevados sean sus
pensamientos, mayores sus logros
y más duraderos sus éxitos.*

Capítulo seis

Nuestra manera de pensar y el logro del éxito

Todo lo que el ser humano logra o deja de lograr es resultado directo de sus pensamientos. En un universo justo y ordenado, en el que la falta de equidad significaría la destrucción total, la responsabilidad individual ha de ser absoluta. La debilidad y fortaleza de cada persona, su integridad o corrupción son suyas, y de nadie más. Ellas son labradas por él mismo, y no por otro, y pueden ser alteradas sólo por él, nunca por otro. Su condición de vida es también suya y de nadie más. Su sufrimiento y su felicidad emanan de adentro.

Como el ser humano piense, así es él; como siga pensando, así seguirá siendo.

Un hombre fuerte no puede ayudar a uno débil a menos que el débil desee ser ayudado. Y aun así, el débil ha de hacerse fuerte por sí mismo, con su propio esfuerzo, desarrollando la fortaleza que admira en otros. Nadie más que él puede alterar su condición.

Es común escuchar a muchas personas decir. "Muchos seres humanos viven en la esclavitud como resultado de la opresión de otros. Así que repudiemos a los opresores". Sin embargo, hay una pequeña y creciente tendencia de invertir dicho juicio y decir: "Un hombre es opresor porque muchos optan por ser esclavos, así que repudiemos a los esclavos".

La verdad es que opresor y esclavo cooperan en su ignorancia, y, mientras parece que se afligen el uno al otro, en realidad su aflicción es autoinducida. De manera que el universo, al ver el sufrimiento que ambos estados producen, no condena ni la debilidad del oprimido, ni el poder mal aplicado del opresor.

Aquel que ha conquistado a la debilidad, y ha alejado de sí pensamientos egoístas, no es ni opresor ni oprimido. Él es libre.

El ser humano sólo puede elevarse, conquistar y alcanzar el éxito, elevando sus pensamientos. Y permanecerá débil, abatido y miserable si se niega a elevar su manera de pensar.

Antes que una persona pueda lograr cualquier meta, debe elevar su manera de pensar por encima de aquellos pensamientos primitivos que la mantienen enfocada en su supervivencia y sus necesidades más básicas. No es que deba olvidarlos totalmente, pero sí sacrificarlos o relegarlos, por lo menos en parte, a un segundo plano. De otra manera, no podrá pensar claramente, planear metódicamente, desarrollar los talentos o habilidades que le permitan lograr mayores propósitos o afrontar desafíos y responsabilidades más serias. No estará preparado para actuar de forma independiente, ya que está limitado por los pensamientos que ha escogido. No puede haber progreso ni logro sin sacrificio.

El éxito que cualquier persona logre experimentar será proporcional a su disposición para sacrificar sus necesidades más mundanas, en pos del desarrollo de sus planes y el fortalecimiento de su resolución y autoconfianza. Mientras más elevados sean sus pensamientos, mayores sus logros y más duraderos sus éxitos.

El universo no favorece al codicioso, al deshonesto, o al vicioso, aunque aparentemente a veces parezca hacerlo. El universo conspira para ayudar al honesto, al generoso y al virtuoso. Los grandes maestros de todas las épocas han manifestado esto de distintas maneras, y para probarlo y entenderlo la persona no tiene más que persistir en hacerse cada vez más virtuosa elevando sus pensamientos.

Los logros intelectuales y profesionales, por ejemplo, son el resultado de un pensamiento consagrado a la búsqueda del conocimiento, la belleza y la verdad en la naturaleza. En ocasiones, tales logros pueden originarse en la vanagloria y la ambición personal, pero no son el resultado de estas características; son el resultado natural de un arduo y prolongado esfuerzo, y de pensamientos virtuosos y generosos.

Los logros espirituales son la consumación de aspiraciones divinas. Tan seguro como que el sol llegará a la cúspide cada día, o habrá luna llena en cada ciclo, quien vive constantemente en la concepción de nobles y elevados pensamientos, guiado por la virtud y el servicio a los demás, adquirirá sabiduría y nobleza, y se elevará a una posición de influencia y buena fortuna.

El éxito en cualquier área de nuestra vida es la corona del esfuerzo y el pensamiento virtuoso. Con la ayuda del dominio de sí mismo, la resolución, integridad, y rectitud de pensamiento y obra, todo ser humano asciende. No obstante, si permite que sea la irracionalidad, la desidia, la corrupción y los pensamientos confusos lo que gobiernen su vida, ese mismo ser humano descenderá.

Toda persona puede lograr gran éxito material, e incluso alcanzar actitudes sublimes en el mundo espiritual y, aún así, descender otra vez a la miseria, si permite que pensamientos arrogantes, egoístas y corruptos entren y encuentren cabida en su mente.

Las victorias obtenidas mediante el pensamiento correcto deben ser protegidas con gran sigilo. Es común que muchos cesen en sus esfuerzos cuando el éxito está asegurado, y rápidamente caen en la derrota.

Todo logro intelectual, espiritual, o en los negocios, es el resultado de pensamientos orientados con definición, y está gobernado por las mismas leyes, reglas y procedimientos.

Aquel que quiera lograr poco ha de invertir y sacrificar poco; quien quiera lograr mucho ha de invertir y sacrificar mucho; quien quiera lograr grandezas debe invertir y sacrificar en grande.

En ocasiones, es posible creer que los postulados de James Allen son simples planteamientos teóricos. Sin embargo, como verás a continuación, las ideas de Allen tienen aplicaciones prácticas que nos pueden ayudar a lograr el éxito personal.

Hace algunos años una escuela puso a prueba su postulado de que los pensamientos y las imágenes mentales que mantenemos en la mente, en forma permanente, tienden a reflejarse en las condiciones y circunstancias de nuestro entorno. Para comprobarlo, tomaron tres grupos de jóvenes y los llevaron a la cancha de *basketball* para determinar qué tan efectivos eran encestando desde la línea de tiro libre.

La escuela determinó que el promedio de efectividad de los tres grupos era muy similar y equivalía al 22%. Es decir, que lograban encestar sólo dos canastas de cada diez intentos.

Posteriormente, tomaron al primer grupo y le dieron las siguientes instrucciones: "Durante los próximos treinta días queremos que vengan al campo de juego y practiquen su tiro libre durante treinta minutos".

Al segundo grupo le ordenaron que durante los siguientes treinta días no tocaran el balón, ni practicaran, y que sólo se limitaran a ir a la biblioteca durante treinta minutos todos los días para realizar un ejercicio de visualización en el cual se imaginaran ejecutando lanzamientos de tiro libre sin fallar ninguno de ellos. Las instrucciones eran que se vieran encestando cada lanzamiento que hicieran.

Al tercer grupo se le encargó que realizara el mismo ejercicio durante todo el mes, y que, además, entrenaran todos los días media hora en el campo de juego, teniendo en cuenta las imágenes mentales que habían visualizado.

Al final de los treinta días volvieron a medir los porcentajes, para establecer el efecto que las prácticas, tanto físicas como mentales, hubiesen podido tener en el desempeño de los jugadores.

El primer grupo, que practicó treinta minutos diarios, incrementó su efectividad de un 22% a un 32%. Y aunque un 32% aún es muy bajo, lo cierto es que representó un aumento de un 50% sobre el nivel del cual habían partido.

El segundo grupo, que no realizó ningún entrenamiento, pero que desarrolló durante los treinta días el ejercicio mental de visualizarse acertando todo lanzamiento, subió su porcentaje a un 42%. Lo increíble es que sin hacer ningún tipo de práctica física, su efectividad se duplicó. Esto es un logro espectacular, especialmente si tienes en cuenta que lo único que cambió fue su programación mental. Ellos cambiaron un programa mental en el cual se veían siempre fallando, por un programa mental en el que se veían siempre triunfando, y ese solo cambio les permitió aumentar su efectividad en un 100%.

El tercer grupo, que llevó a cabo los dos tipos de práctica, subió su porcentaje al 86%. Como te podrás dar cuenta, hubo un enorme incremento en la efectividad de aquellos jóvenes que practicaron tanto física como mentalmente. Su efectividad aumentó en un 300%.

Esta verificación muestra la indiscutible relación que existe entre nuestros pensamientos y nuestra manera de actuar. La buena noticia es que este es un poder que está al alcance de todos. Imagínate si de ahora en adelante comienzas a hacer lo mismo antes de entrar a tu próxima entrevista de trabajo, o antes de hablar con tu siguiente cliente o antes de participar en tu próxima competencia o de empezar tu siguiente dieta. Qué tal si comienzas por practicar tu éxito mentalmente en lugar de sabotear tus posibilidades de triunfo, practicando tu fracaso.

Si utilizas tus pensamientos de esta manera lograrás hacer que tu éxito sea un reflejo automático. Sin embargo, para que esto suceda, deberás interiorizar los pensamientos e ideas y aprender metódicamente las leyes y hábitos que te permitirán convertirte en un triunfador.

El objetivo es lograr que estas leyes del éxito, que a veces ignoramos, y otras veces mantenemos brevemente en nuestra conciencia, pasen a ser parte de nuestro pensamiento subconsciente, donde puedan tener permanencia y actuar de manera automática, guiándonos en nuestras acciones.

Las leyes para alcanzar el éxito ya existen. Forman parte del universo y afectan nuestras acciones, independientemente de que las conozcamos, las ignoremos o no tengamos sepamos de su existencia. Si nos asomamos por una ventana demasiado afuera, la Ley de la gravedad operará sobre nuestro cuerpo haciéndonos caer al vacío, así nosotros nunca hayamos escuchado acerca de esta ley. Lo mismo sucede con las leyes del éxito. Si las ignoramos pagaremos las consecuencias.

Muchas personas han entrado en contacto con estas leyes, pero no se han tomado el tiempo para convertirlas en un hábito, por tanto no logran cosechar sus beneficios. Nuestro objetivo primordial debe ser interiorizarlas, de manera que, una vez aprendidas, desde lo más profundo de nuestro subconsciente dirijan nuestros pensamientos y acciones. Y para lograr esto, el conocimiento de dichas leyes debe pasar a través de las cuatro etapas que ilustra el siguiente ejemplo:

Primera etapa: Inconscientemente incapaz

Un niño de seis meses es incapaz de atarse los cordones o los lazos de los zapatos. Es más, él no sabe que existe tal actividad. No la conoce ni sabe para que sirve, por tanto, no la practica, ni la extraña. Podríamos decir que él no sabe, pero no sabe que no sabe. Él es inconscientemente incapaz.

Segunda etapa: Conscientemente incapaz

El niño de dos años observa a su padre amarrarse los zapatos. Es consciente que existe esta actividad, pero aún es incapaz de realizarla por sí solo. No obstante, ahora él es consciente de su incapacidad. El no saber cómo hacerlo le produce frustración y hace que abandone su intento después de unos momentos. Ahora él sabe que no sabe.

Tercera etapa: Conscientemente capaz

A los cuatro o seis años de edad, después de observar a otras personas y practicar cómo amarrarse los zapatos, finalmente el niño logra hacerlo por sí solo. Sin embargo, para lograrlo necesita concentrarse en lo que está haciendo. Esto es evidente ya que busca colocar su pie tan cerca a su cara como pueda y fija su visión en la tarea, tratando de eliminar cualquier distracción. Él es ahora consciente de su nueva capacidad.

Cuarta etapa: Inconscientemente capaz

Los adultos no necesitan pensar o concentrarse cuando se amarran los zapatos. Lo hacen inconscientemente. Lo pueden hacer con los ojos cerrados, o inclusive mientras mantienen una conversación. Ésta, se ha convertido en una acción automática en ellos. Finalmente, son inconscientemente capaces.

Estas cuatro etapas pueden convertir cualquier acción en un hábito y cualquier hábito en un condicionamiento inconsciente. Si estamos dispuestos a llevar a través de estas cuatro etapas todo aquel nuevo conocimiento con el que entremos en contacto, es posible interiorizar y programar en nuestro subconsciente aquellas leyes que nos permitirán triunfar y vivir una vida plena y feliz.

Aquel que lleva en el corazón una visión maravillosa y un ideal noble, tarde o temprano lo realizará.
¡Querer es poder! ¡Soñar es lograr!
Valora tus ideales. Si te mantienes fiel a éstos, ellos engendrarán las condiciones propicias y el ambiente favorable para construir tu mundo.

Capítulo siete

La visión y los ideales

Los soñadores son el soporte del mundo. Así como el mundo visible se sostiene por fuerzas invisibles, de igual manera la humanidad, aun en medio del caos, las tribulaciones y las actitudes mezquinas, se nutre de la visión de sus soñadores.

La humanidad no puede darse el lujo de olvidar a sus soñadores, ni permitir que sus ideales desaparezcan y mueran, ya que éstos son su sustento. Los protegerá con recelo porque representan las realidades que un día esperan ver y conocer. Los compositores, artistas, poetas, profetas, emprendedores y visionarios, son los hacedores del mundo, los arquitectos del cielo. El mundo es bello porque ellos vivieron, sin ellos la laboriosa humanidad perecería.

Aquel que lleva en el corazón una visión maravillosa, un ideal noble, tarde o temprano lo realizará. Colón llevó en su corazón la visión de otro mundo, y lo descubrió; Copérnico albergó en su mente la visión de un universo mucho más extenso y complejo del conocido en su época, y lo reveló a toda la humanidad. Muchos profetas y hombres de fe han contemplado una visión de un mundo espiritual de santidad y paz perfecta, y han entrado en él.

Valora tus visiones; valora tus ideales; valora la música que mueve tu corazón, la belleza que se forma en tu mente, la gracia que viste tus más puros pensamientos. Si te mantienes fiel a éstos, ellos engendrarán las condiciones propicias y el ambiente favorable para construir tu mundo.

¡Querer es poder! ¡Soñar es lograr!

¿Pueden acaso los deseos mezquinos de la persona ser gratificados, mientras que sus aspiraciones más puras mueren sin sustento? ¡No! Esta no es una ley natural y, por tanto, tal condición nunca producirá ningún resultado. "Pide y recibirás".

Sueña nobles sueños y te convertirás en el producto de dichos sueños. Tu visión es la promesa de lo que un día serás. Tu ideal es la profecía de lo que un día llegarás a revelar.

Los grandes logros comenzaron como un sueño en la mente de una persona. Al igual que todo ser se encuentra en la semilla que lo engendra, el roble duerme en la bellota; el ave espera en el huevo; y en la más elevada visión del alma una realidad espera impaciente. Los sueños son las semillas de dicha realidad.

Si tus circunstancias no son de tu agrado, tú puedes cambiarlas, concibiendo un gran ideal y luchando por alcanzarlo. Si te encargas de cambiar en tu interior, tu mundo externo cambiará. Imagínate a un joven oprimido por la pobreza y el trabajo; confinado a largas horas en un taller insalubre; sin escuela, y sin haber desarrollado ningún talento o habilidad especial.

Sin embargo, él sueña con cosas mejores; piensa en la inteligencia y el esmero, en la gracia y la belleza. Concibe y crea con su mente una condición de vida ideal. Con el tiempo, esta visión de una mayor libertad y un nivel de vida más elevado toma posesión de él; el apremio y la urgencia lo impulsan a actuar, y utiliza todo su tiempo y sus medios en el desarrollo de los poderes y talentos que ya se encuentran dentro de sí.

Muy pronto su nuevo estado mental hace que aquel taller no pueda retenerlo más. Se ha convertido en algo tan fuera de armonía con sus pensamientos que, finalmente es descartado como quien se deshace de un par de zapatos viejos, y, al crecer las oportunidades que encajan con su creciente poder, sus circunstancias pasadas dejan de ser parte de su realidad para siempre.

Años más tarde, vemos a este joven como todo un hombre, dueño de poderes mentales inigualables que aprovecha y que al ser utilizados le permiten crear una influencia que se expande a través de todo el universo. En sus manos toma las riendas de responsabilidades gigantescas; cuando habla transforma vidas, hombres y mujeres utilizan sus ideas para moldear con ellas su propio carácter. Como la luz del sol, se convierte en el centro y eje luminoso alrededor del que giran innumerables destinos.

Ha realizado la visión de su juventud. Es ahora uno con su ideal.

Y tú también, joven lector, verás realizada la visión que albergas en tu corazón, ya que tu destino siempre te conducirá hacia aquello que más amas calladamente. En tus manos recibirás el resultado exacto de tus pensamientos. Recogerás lo que has sembrado; ni más, ni menos. Cualquiera que sea tu entorno actual, te elevarás, caerás o permanecerás igual, de acuerdo a los pensamientos, la visión y los ideales que albergues en tu mente.

El descuidado, el ignorante y el haragán, viendo sólo el efecto aparente de las cosas y no las cosas en sí, hablan de la suerte, la fortuna, y el azar. Al ver a otra persona hacerse rica dicen: "¡Cuánta suerte tiene!" Al observar a otro desarrollar sus habilidades intelectuales exclaman: "¡Que favorecido es!" Y al advertir el carácter sabio y la gran influencia de otro, comentan: "¡Cómo lo persigue la buena fortuna a todo momento!" Ellos no ven los intentos fallidos, las caídas y los fracasos que estas personas han debido enfrentar para acumular toda esa experiencia.

Ellos no conocen de los sacrificios que han hecho, del valeroso esfuerzo que han realizado y la fe inquebrantable que han debido mantener para lograr lo aparentemente imposible, y realizar la visión de su corazón. Ellos no saben de los momentos de oscuridad y angustia; sólo ven la luz y la dicha, y la llaman "suerte"; no ven las largas y arduas jornadas, sino sólo contemplan el logro placentero, y lo llaman "buena fortuna"; sólo perciben el resultado sin entender, ni saber del proceso que lo ha hecho posible, sino que lo llaman "azar".

En todos los asuntos humanos hay esfuerzos y hay resultados. La fuerza del esfuerzo determina el resultado, no la suerte. Los regalos fortuitos, poderes, posesiones materiales, intelectuales y espirituales que acumulamos son siempre el fruto del esfuerzo; son pensamientos consumados, objetivos alcanzados, visiones realizadas.

La visión que exaltes en tu mente, el ideal que ganó el trono de tu corazón, con ellos construirás tu vida, y en eso te convertirás.

Como resalta James Allen en este capítulo, la vida y logros de Cristóbal Colón son, sin duda, uno de los mejores ejemplos del espíritu visionario y soñador, cuya semilla ya se encuentra dentro de todo ser humano.

El descubrimiento que le daría un lugar indeleble en la historia fue el resultado de haber tomado una decisión, de haber actuado inmediatamente y haber persistido hasta lograr su cometido, a pesar de que, como ahora sabemos, dicha decisión estaba fundamentada en cálculos y premisas totalmente erradas. Esto prueba que un pobre plan puesto en marcha es mejor que un plan extraordinario que nunca ejecutes.

Su curiosidad y su inventiva, junto con el coraje y la decisión con que cruzó una y otra vez un océano hasta entonces inexplorado, hacen de este hombre un ejemplo de valentía y entrega en la defensa de un sueño.

Se sabe que Colón fue hijo de un matrimonio de humildes tejedores, razón por la cual trabajó ocasionalmente en ese oficio. Recibió una educación muy deficiente, pero desde niño se interesó por la navegación, dedicando buena parte de su juventud a navegar.

Aún joven, empleaba el tiempo libre en dibujar y levantar cartas geográficas que vendía para ayudar al sostenimiento de su familia. Al parecer fue autodidacta en lo referente a la navegación desde antes de cumplir los veinte años, leyendo y consultando toda clase de tratados, escritos y mapas que circulaban en su época.

Cristóbal Colón siempre consideró todos los posibles argumentos astronómicos que justificaran sus proyectos. Sus lecturas incluían a Marco Polo, cuya influencia le hizo pensar que podía alcanzar la China y el Japón por vía marítima en dirección a occidente.

Una vez que decidió que la búsqueda de la nueva ruta a oriente era una empresa digna de afrontar, se dedicó a su planeación con el mismo detalle de quien planea cualquier empresa. Comenzó a recoger los datos más convenientes para poder lograr el patrocinio de su proyecto.

La factibilidad de su aventura la basaba en las siguientes premisas, suposiciones y beneficios potenciales:

1. Era indudable que la Tierra era redonda, a pesar de lo que muchos religiosos, eruditos y pensadores de la época pudieran pensar, por lo cual el acceso a las Indias era igualmente posible por el occidente –a través del océano Atlántico– que por el oriente –por tierra– como hasta entonces se hacía.

2. La circunferencia de la Tierra era aproximadamente de 30.000 kilómetros. Para llegar a esta cifra, Colón escogió hábilmente la menor de las circunferencias reportadas por los astrónomos y científicos de la época.

3. La ruta oriental hacia las Indias desde la Península Ibérica resultaba demasiado larga. Además, después que las vías co-

merciales cayeron bajo el dominio turco, los derechos para transitar dichas rutas resultaban demasiado altos.

4. La distancia entre las Islas Canarias y el Japón era de unas 2.400 millas náuticas, lo cual significaba que el viaje no sería extremadamente largo. En realidad, esta distancia resultó ser de aproximadamente 10.600 millas.

Estos puntos constituían la base del plan con que Colón se acercó a los diferentes reinos de Europa en busca de ayuda para el financiamiento de su proyecto. Durante los siguientes diez años se pondría a prueba la tenacidad del carácter y el poder de decisión de Cristóbal Colón, cuando uno tras otro, todos los reyes y monarcas a los cuales acudió, rechazaron su propuesta. Juan II de Portugal estudió el proyecto y concluyó que "había errores de cálculo; la Tierra era mucho más grande, el océano más extenso y la empresa era demasiado arriesgada".

Fue a probar suerte en Castilla, donde tuvo que esperar dos años hasta que los Reyes Católicos lo recibieron por primera vez.

Una vez más, una junta de expertos examinó y rechazó su propuesta. Mientras él insistía en España, envió a su hermano a presentar su proyecto al rey Enrique VII de Inglaterra quien lo recibió y luego lo despachó prontamente alegando que dicha empresa era la mayor locura que había escuchado.

Volvió a Portugal, pero no pudo hablar con el monarca portugués, por lo que decidió ir a presentar su proyecto a Carlos VIII de Francia. En camino hacia allá, realizó una nueva presentación de sus ideas a los reyes de España en Santa Fe. La nueva junta y los soberanos quedaron estupefactos ante las nuevas peticiones de este pobre extranjero que pedía entre otras cosas, la décima parte de todas las riquezas que obtuviese en sus viajes; el título de "Don" y las dignidades de "Almirante de la Mar, y Virrey y Gobernador de las Indias". La negativa ante tales demandas fue terminante.

Decepcionado, pero no abatido, Colón abandonó Santa Fe, pero poco más tarde fue llamado de vuelta por la Reina. Después de una serie de negociaciones, los Reyes Católicos aceptaron su propuesta.

Así, con una tripulación formada por ciento veinte hombres, el 3 de agosto de 1492, Cristóbal Colón zarpó en busca de un sueño que cambiaría por siempre la historia de la humanidad. En solo diez años, Colón descubrió lo que hoy conocemos como Puerto Rico, Cuba, República Dominicana, Jamaica, Haití, Trinidad, y Guayana. Arribó a la desembocadura del río Orinoco en Venezuela, llegó a la costa de Honduras, y siguió el litoral por el sur hasta las costas panameñas.

Ciertamente, la vida de Cristóbal Colón fue un ejemplo de tenacidad y un verdadero tributo al poder de la decisión. Colón estuvo dispuesto a desafiar las creencias de la época. Su fe en su sueño de encontrar una nueva ruta hacia oriente, la tenacidad con que defendió sus posturas, la persistencia con que buscó ayuda para emprender su loca aventura y el valor con que se lanzó a un mundo desconocido, lo colocaron en un sitio especial entre aquellos hombres que con su entrega cambiaron la historia de la humanidad.

La persona firme y calmada
es siempre apreciada y respetada.
Es como un árbol que brinda una
sombra que reconforta.
No importa si llueve o hace sol, o qué
cambios inesperados le ocurran a quien
posee estas bendiciones, ya que siempre
las aceptará con calma y serenidad.

Capítulo ocho
La serenidad

L a tranquilidad de la mente es una de las más bellas joyas de la sabiduría. Ella es el resultado de un esfuerzo paciente y prolongado en el dominio de sí mismo. Su presencia es un claro indicio de una experiencia madura, y de un conocimiento de las leyes y el funcionamiento del pensamiento fuera de lo ordinario.

Todo ser humano alcanza la tranquilidad en la medida en que se entiende a sí mismo como un ser que ha evolucionado de sus pensamientos. Tal entendimiento requiere comprender que las demás personas son también el resultado de sus pensamientos. En la medida en que desarrollamos el entendimiento correcto, y vemos con mayor claridad la manera como las cosas están relacionadas, de acuerdo a la acción de causa y efecto, cesa nuestra agitación, enfado, preocupaciones y tormento, y alcanzamos un estado de equilibrio, inalterabilidad y serenidad.

La persona poseedora de esta calma y paz interior, habiendo aprendido cómo gobernarse, sabe cómo adaptarse a otros; y estos, a su vez, admiran su fortaleza espiritual, sienten que pueden aprender de ella y confiar en ella. Cuanto más tranquila sea, mayor es su éxito, su influencia y su poder de hacer el bien. Aun el mercader ordinario encontrará que la prosperidad de sus negocios crece en la medida en que desarrolla una mayor integridad y dominio de sí mismo, ya que las personas siempre han de preferir tratar y negociar con aquellos cuya conducta sea recta y ecuánime.

La persona firme y calmada es siempre apreciada y respetada. Es como un árbol que brinda una sombra que reconforta, o la roca junto a la cual podemos resguardarnos de la tormenta. ¿Quién no ama un corazón tranquilo, una vida sosegada, dulce y balanceada?

No importa si llueve o hace sol, o qué cambios inesperados le ocurran a quien posee estas bendiciones, ya que siempre las aceptará con calma y serenidad. Aquel equilibrio de carácter que nosotros llamamos serenidad es la lección final en el largo camino formativo; es el florecimiento de la vida, el fruto del alma. Es tan precioso como la sabiduría —más deseado que el oro fino—. Cuán insignificante es la búsqueda del dinero en comparación con una vida serena; una vida que mora en el océano de la verdad, por debajo de las olas, fuera del alcance de las tempestades, ¡en eterna calma!

El fácil mantener esta actitud positiva, calmada y serena, de la cual James Allen habla, cuando todo sale tal como lo esperabas y el mundo que te rodea está en armonía con todo aquello que consideras importante. Lo difícil está en mantener ese optimismo cuando las cosas no salen como las has planeado; cuando las circunstancias que te rodean son tan deplorables y penosas que es casi imposible encontrar algo que celebrar.

Ante tales circunstancias, la mayoría de las personas prefiere cerrar los ojos o mirar en otra dirección para no tener que ser testigos de tanta miseria y dolor. No obstante, frente a estas mismas circunstancias, otras personas se rehúsan a dejarse vencer, y en lugar de debilitarse, cada caída, cada obstáculo, cada gran reto, parece fortalecer su carácter.

Este es el caso de una mujer admirada por todos, poseedora de un carácter, un amor y una devoción sin límites: La Madre Teresa de Calcuta. Una mujer que dedicó toda su vida a cuidar y dar amor y esperanza a los seres más necesitados del planeta.

La imagen que la mayoría de nosotros tiene de ella es la de una mujer sencilla, humilde, con evidentes huellas del trabajo y el paso del tiempo en su rostro, un diminuto tamaño que contrastaba con su gigantesca estatura moral y espiritual, y su espíritu joven y entusiasta. Quien la conoció difícilmente podrá olvidarla, ya que dedicó su vida a sembrar amor, fe y esperanza, y sin proponérselo, mostró al mundo lo que una persona podía hacer con sencillez, humildad y amor.

Teresa de Calcuta, cuyo nombre era Agnes Gonxha Bojaxhiu, tuvo una infancia con muchas comodidades dado que su padre era propietario de una empresa constructora. Su madre creía en hacer el bien a los demás siempre que hubiese la oportunidad de hacerlo y evitando hacer alarde de ello.

Pero, ¿cómo empezó la Madre Teresa de Calcuta este camino que haría de esta pequeña mujer un majestuoso símbolo de amor y entrega a los demás? Para entender el amor que sentía por los pobres del mundo entero, es necesario ver las circunstancias que la rodeaban cuando recibió su primera asignación después de recibir los hábitos.

En 1929 la Madre Teresa había sido comisionada para enseñar geografía en un colegio de secundaria para niñas en Calcuta. Por aquella época las calles de Calcuta se mantenían atiborradas de leprosos y desamparados mendigando algo de comer. Los niños indeseados eran regularmente abandonados a su suerte en las calles o, peor aún, botados a la basura. Esta era la realidad que la rodeaba mientras ella se dedicaba a la enseñanza.

Fue entonces, cuando en 1946, mientras viajaba en tren de regreso a la población de Darjeeling en la India, Teresa descubrió su verdadera misión de vida. Pensaba en las casi dos décadas de su vida que había dedicado a enseñar geografía a niñas de la clase media de Calcuta, a pocos metros de las más horripilantes condiciones de vida soportadas por un ser humano. Pese a que amaba su trabajo, la perturbaba el poco servicio que su labor prestaba a Dios y a sus hermanos.

Según recuerda, fue el 10 de septiembre de 1946, mientras caminaba por las calles de Calcuta, cuando tropezó con el cuerpo de una mujer moribunda. Ratas y hormigas se paseaban por sus llagas. "La levanté, caminé hasta un hospital cercano y pedí una cama para ella". La mujer murió en esa cama: la primera, la única y la última cama que tuvo en su vida. Este encuentro fortuito cambió su vida, porque en esa mujer vio a Cristo agonizante.

Ella cuenta que sentía una voz interna que le martillaba en su corazón y que le repetía: "Tienes que hacer algo", "No puedes quedarte con los brazos cruzados", "Si tú no empiezas, nadie comenzará". Sin embargo, no podía parar de preguntarse por qué Dios permitía eso y no hacía algo para evitarlo. En el silencio de esa noche, encontró la respuesta; Dios le dijo: "Claro que he hecho algo para solucionar esto; te he hecho a ti".

Así que decidió pedir permiso para dejar su puesto en el convento y trabajar ayudando a las víctimas de la lepra en las calles de Calcuta. Su primer paso fue empezar una escuela al aire libre. Durante el primer día logró juntar cinco niños a su alrededor que ávidos miraban a la diminuta mujer mientras ella escribía letras y números, utilizando el suelo por papel y un palo por lápiz.

Hoy, alrededor de 5.000 religiosas, 500 religiosos y más de cuatro millones de personas alrededor del mundo trabajan como voluntarios en orfelinatos, refugios y centros de leprosos en l00 países en los cinco continentes. Todos ellos son sólo parte del legado que la Madre Teresa de Calcuta dejó.

Hace algunos años la humildad que la caracterizaba se hizo evidente durante una visita que realizara a los Estados Unidos. En aquella ocasión la Madre Teresa visitaba un albergue para desamparados en la ciudad de Filadelfia. Se había programado que ella cenaría y pasaría la noche en el albergue. Los organizadores de su visita habían construido un cuarto especial, con una cómoda cama donde ella pasaría la noche. No obstante, la Madre pidió que se le cediera la cama a otra persona que quizás pudiera necesitar más de esa comodidad, mientras ella pasó la noche en una modesta cama como los demás transeúntes del albergue. Al momento de la cena, en lugar de tomar asiento en el sitio especial preparado en su honor, Teresa de Calcuta decidió ayudar a servir la comida a las demás personas, antes de sentarse a comer.

El organizador de aquel evento era una persona de mucha influencia en la comunidad, y aunque le conmovía enormemente la humildad de la Madre Teresa, le afanaba no poder, aparentemente, hacer nada por ella para que su visita fuese lo menos dispendiosa en su ya delicada salud. Incapaz de brindar cualquier comodidad a una persona que obviamente estaba más interesada en dar que en recibir, se acercó y le dijo: "Madre, yo verdaderamente deseo ayudarla, y me gustaría que usted me permitiese poder atenderla. ¿Qué puedo hacer para ayudar a su causa? Yo podría organizar programas en la radio para reunir fondos para ayudar a los desamparados. Puedo brindarle cubrimiento televisivo para sus eventos. ¿Por favor Madre, dígame que puedo hacer para ayudar?"

La Madre Teresa de Calcuta, le agradeció por su buena voluntad y luego le respondió: "Si en verdad deseas ayudarme, esto es lo que debes hacer. Ve y busca una persona que crea estar sola, que crea haber sido olvidada por el mundo. Una persona que crea que ha sido marginada, y sienta que su vida no vale nada, y convéncela de que no es así. Déjale saber que está equivocada".

La Madre Teresa nunca permitió que las dificultades afectaran su actitud o su carácter. No en vano repetía constantemente a las demás misioneras que el espíritu de su obra debía ser uno de entrega, confianza y alegría. Decía: «Queremos que estas personas que se sienten abandonadas y olvidadas sepan que se les quiere. Si vamos a ellas con una cara triste se sentirán aún más deprimidas. Por eso debemos llevarles un poco de alegría y serenidad». Esa era la Madre Teresa y esa era su filosofía de vida.

Cuánta gente conocemos que deteriora sus vidas, arruina todo lo que es dulce y bello con un tempera-mento explosivo, destruye el equilibrio de su carácter y se hace mala sangre. Es probable que quien lo hace, estropee su felicidad por falta de dominio. Cuán pocos conocemos en la vida con un carácter balan-ceado, que gozan de ese equilibrio, característico de un carácter sosegado.

Tristemente, la humanidad irrumpe con pasiones desbocadas, alborotada por penas incontroladas, y arruinada a causa de la ansiedad y la duda. Sólo la persona sabia, sólo aquella cuyos pensamientos están controlados y son armoniosos, hace que los vientos y las tormentas del alma le obedezcan.

A aquellos sacudidos por la tempestad, donde quieran que estén, sea cual fuere su condición de vida, les digo esto: En el océano de la vida las islas de la dicha sonríen, y la orilla soleada de tus ideales espera tu venida. Mantén tu mano firme sobre el timón de tus pensamientos. En el centro de tu alma se encuentra el maestro que comanda el barco; sólo está dormido; despiértalo. El control de ti mismo es poder; el pensamiento correcto es maestría, la calma te fortalece. Dirige tu corazón para que mantenga siempre la paz.

La Vaca

Dr. Camilo Cruz

ISBN: 1-931059-63-2

192 páginas

En el libro La Vaca del Dr. Camilo Cruz, la vaca representa toda excusa, miedo, justificación o pretexto que no les permite a las personas desarrollar su potencial al máximo y les impide utilizar el máximo de su potencial para construir empresas exitosas. De acuerdo al Dr. Cruz "El verdadero enemigo del éxito no es el fracaso, como muchos piensan, sino el conformismo y la mediocridad. Todos cargamos con más vacas de las que estamos dispuestos a admitir; ideas con las cuales tratamos de convencernos a nosotros mismos y a los demás que la situación no está tan mal como parece; excusas que ni nosotros mismos creemos, con las que pretendemos explicar por qué no hemos hecho lo que sabemos que tenemos que hacer".

El doctor Camilo Cruz, es considerado como uno de los escritores de mayor trascendencia en nuestro continente en el campo del desarrollo personal y el liderazgo. Sus más de 30 obras, con ventas de más de un millón de ejemplares, lo han convertido en uno de los escritores latinos más prolíficos en los Estados Unidos. Su libro La Vaca recibió el Latino Book Award, como el mejor libro de desarrollo personal en español en los Estados Unidos.